머리가 좋아지는 똑똑 알파벳 ABC

따라 쓰기

J지원출판

A를 연습해 보세요.

A를 소리내어 읽어보고, 예쁘게 따라 써 보세요.
그림자로 가려진 부분에 단어 그림 스티커도 붙여 보세요.

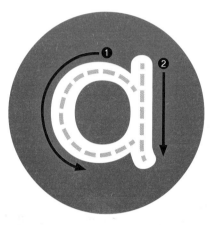

스티커를
붙이세요

apple | 사과

 대문자 A를 소리내어 읽어보고, 예쁘게 따라 써 보세요.

 소문자 a를 소리내어 읽어보고, 예쁘게 따라 써 보세요.

 A를 자유롭게 연습해 보세요.

A가 들어가는 단어를 써 보세요.

A가 들어가는 단어는 무엇이 있는지 그림을 보고, 단어를 따라 써 보세요.

apple | 사과

✏️ 단어를 크게 읽으며 연습해 보고, 예쁘게 쓰는 연습을 해 보세요.

apple

ant | 개미

✏️ 단어를 크게 읽으며 연습해 보고, 예쁘게 쓰는 연습을 해 보세요.

ant

alligator | 악어

✏️ 단어를 크게 읽으며 연습해 보고, 예쁘게 쓰는 연습을 해 보세요.

alligator

B·b

B를 연습해 보세요.

B를 소리내어 읽어보고, 예쁘게 따라 써 보세요.
그림자로 가려진 부분에 단어 그림 스티커도 붙여 보세요.

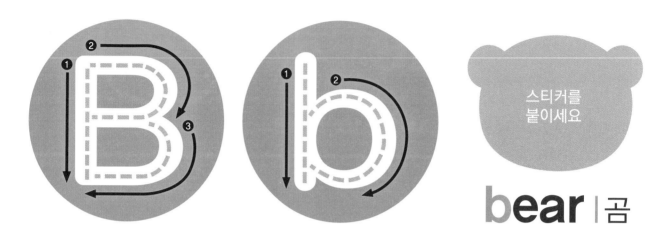

스티커를
붙이세요

bear |곰

 대문자 B를 소리내어 읽어보고, 예쁘게 따라 써 보세요.

B   B   B   B   B   B

 소문자 b를 소리내어 읽어보고, 예쁘게 따라 써 보세요.

b   b   b   b   b   b   b   b

 B를 자유롭게 연습해 보세요.

4

B가 들어가는 단어를 써 보세요.

B가 들어가는 단어는 무엇이 있는지 그림을 보고, 단어를 따라 써 보세요.

bear | 곰

✏️ 단어를 크게 읽으며 연습해 보고, 예쁘게 쓰는 연습을 해 보세요.

bear

bus | 버스

✏️ 단어를 크게 읽으며 연습해 보고, 예쁘게 쓰는 연습을 해 보세요.

bus

banana | 바나나

✏️ 단어를 크게 읽으며 연습해 보고, 예쁘게 쓰는 연습을 해 보세요.

banana

C·c

C를 연습해 보세요.

C를 소리내어 읽어보고, 예쁘게 따라 써 보세요.
그림자로 가려진 부분에 단어 그림 스티커도 붙여 보세요.

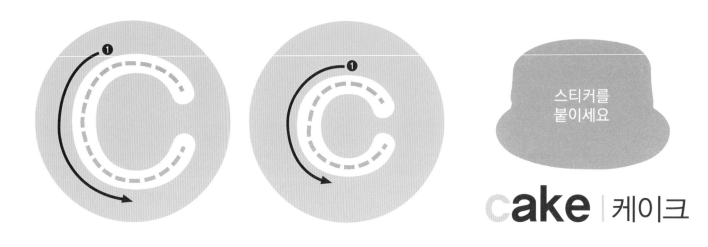

스티커를
붙이세요

cake | 케이크

 대문자 C를 소리내어 읽어보고, 예쁘게 따라 써 보세요.

C C C C C

 소문자 c를 소리내어 읽어보고, 예쁘게 따라 써 보세요.

c c c c c c c

 C를 자유롭게 연습해 보세요.

6

C가 들어가는 단어를 써 보세요.

C가 들어가는 단어는 무엇이 있는지 그림을 보고, 단어를 따라 써 보세요.

cake | 케이크

 단어를 크게 읽으며 연습해 보고, 예쁘게 쓰는 연습을 해 보세요.

cake

cat | 고양이

 단어를 크게 읽으며 연습해 보고, 예쁘게 쓰는 연습을 해 보세요.

cat

car | 자동차

 단어를 크게 읽으며 연습해 보고, 예쁘게 쓰는 연습을 해 보세요.

car

D를 연습해 보세요.

D·d

D를 소리내어 읽어보고, 예쁘게 따라 써 보세요.
그림자로 가려진 부분에 단어 그림 스티커도 붙여 보세요.

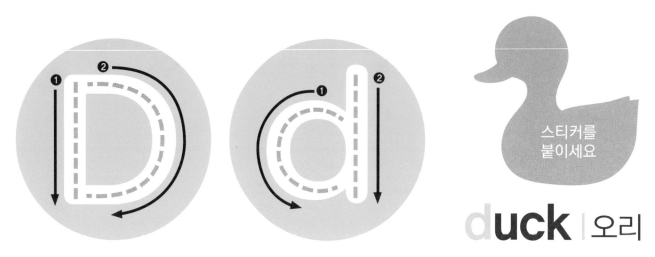

스티커를
붙이세요

duck | 오리

 대문자 D를 소리내어 읽어보고, 예쁘게 따라 써 보세요.

D D D D D

 소문자 d를 소리내어 읽어보고, 예쁘게 따라 써 보세요.

d d d d d d d

 D를 자유롭게 연습해 보세요.

8

D·d

D가 들어가는 단어를 써 보세요.

D가 들어가는 단어는 무엇이 있는지 그림을 보고, 단어를 따라 써 보세요.

duck | 오리

단어를 크게 읽으며 연습해 보고, 예쁘게 쓰는 연습을 해 보세요.

duck

dog | 개

단어를 크게 읽으며 연습해 보고, 예쁘게 쓰는 연습을 해 보세요.

dog

dinosaur | 공룡

단어를 크게 읽으며 연습해 보고, 예쁘게 쓰는 연습을 해 보세요.

dinosaur

E를 연습해 보세요.

E를 소리내어 읽어보고, 예쁘게 따라 써 보세요.
그림자로 가려진 부분에 단어 그림 스티커도 붙여 보세요.

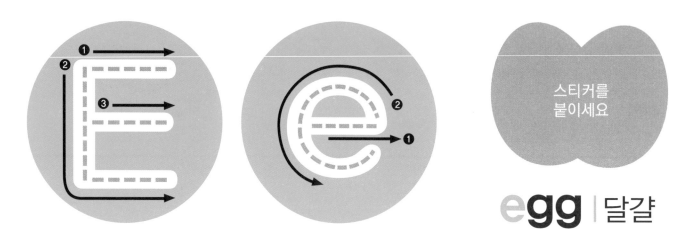

스티커를
붙이세요

e**gg** | 달걀

대문자 E를 소리내어 읽어보고, 예쁘게 따라 써 보세요.

E E E E E

소문자 e를 소리내어 읽어보고, 예쁘게 따라 써 보세요.

e e e e e e e e

E를 자유롭게 연습해 보세요.

E·e

E 가 들어가는 단어를 써 보세요.

E가 들어가는 단어는 무엇이 있는지 그림을 보고, 단어를 따라 써 보세요.

egg | 달걀

단어를 크게 읽으며 연습해 보고, 예쁘게 쓰는 연습을 해 보세요.

egg

eight | 8, 여덟

단어를 크게 읽으며 연습해 보고, 예쁘게 쓰는 연습을 해 보세요.

eight

elephant | 코끼리

단어를 크게 읽으며 연습해 보고, 예쁘게 쓰는 연습을 해 보세요.

elephant

F 를 연습해 보세요.

F를 소리내어 읽어보고, 예쁘게 따라 써 보세요.
그림자로 가려진 부분에 단어 그림 스티커도 붙여 보세요.

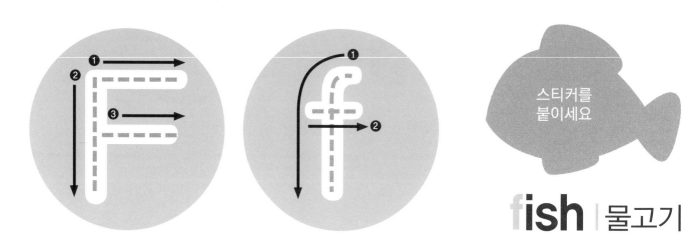

스티커를 붙이세요

fish | 물고기

 대문자 F를 소리내어 읽어보고, 예쁘게 따라 써 보세요.

 소문자 f를 소리내어 읽어보고, 예쁘게 따라 써 보세요.

 F를 자유롭게 연습해 보세요.

F·f

F 가 들어가는 단어를 써 보세요.

F가 들어가는 단어는 무엇이 있는지 그림을 보고, 단어를 따라 써 보세요.

fish | 물고기

단어를 크게 읽으며 연습해 보고, 예쁘게 쓰는 연습을 해 보세요.

fish

flower | 꽃

단어를 크게 읽으며 연습해 보고, 예쁘게 쓰는 연습을 해 보세요.

flower

frog | 개구리

단어를 크게 읽으며 연습해 보고, 예쁘게 쓰는 연습을 해 보세요.

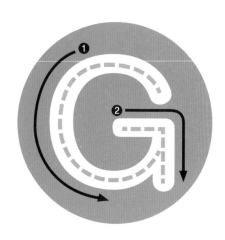

G를 연습해 보세요.

G를 소리내어 읽어보고, 예쁘게 따라 써 보세요.
그림자로 가려진 부분에 단어 그림 스티커도 붙여 보세요.

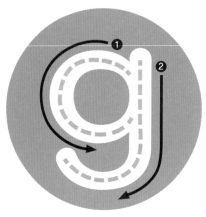

스티커를
붙이세요

grape | 포도

 대문자 G를 소리내어 읽어보고, 예쁘게 따라 써 보세요.

G G G G G

 소문자 g를 소리내어 읽어보고, 예쁘게 따라 써 보세요.

g g g g g g g

 G를 자유롭게 연습해 보세요.

G·g

G가 들어가는 단어를 써 보세요.

G가 들어가는 단어는 무엇이 있는지 그림을 보고, 단어를 따라 써 보세요.

grape | 포도

✏️ 단어를 크게 읽으며 연습해 보고, 예쁘게 쓰는 연습을 해 보세요.

grape

glasses | 안경

✏️ 단어를 크게 읽으며 연습해 보고, 예쁘게 쓰는 연습을 해 보세요.

glasses

girl | 소녀

✏️ 단어를 크게 읽으며 연습해 보고, 예쁘게 쓰는 연습을 해 보세요.

H를 연습해 보세요.

H를 소리내어 읽어보고, 예쁘게 따라 써 보세요.
그림자로 가려진 부분에 단어 그림 스티커도 붙여 보세요.

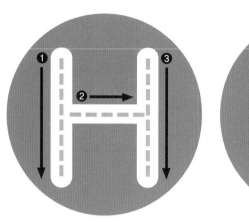 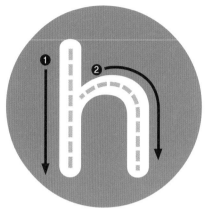 

스티커를
붙이세요

heart | 하트

 대문자 H를 소리내어 읽어보고, 예쁘게 따라 써 보세요.

 소문자 h를 소리내어 읽어보고, 예쁘게 따라 써 보세요.

 H를 자유롭게 연습해 보세요.

H가 들어가는 단어를 써 보세요.

H가 들어가는 단어는 무엇이 있는지 그림을 보고, 단어를 따라 써 보세요.

heart | 하트

 단어를 크게 읽으며 연습해 보고, 예쁘게 쓰는 연습을 해 보세요.

heart

house | 집

 단어를 크게 읽으며 연습해 보고, 예쁘게 쓰는 연습을 해 보세요.

house

hippo | 하마

 단어를 크게 읽으며 연습해 보고, 예쁘게 쓰는 연습을 해 보세요.

hippo

I를 연습해 보세요.

I를 소리내어 읽어보고, 예쁘게 따라 써 보세요.
그림자로 가려진 부분에 단어 그림 스티커도 붙여 보세요.

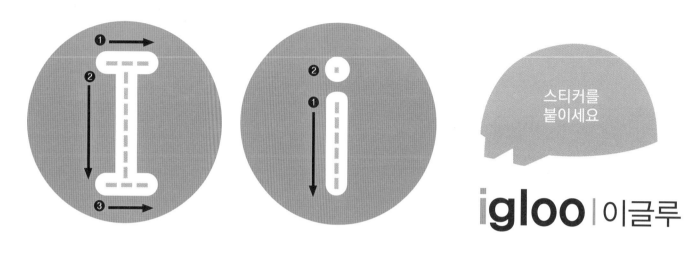

스티커를
붙이세요

igloo | 이글루

 대문자 I를 소리내어 읽어보고, 예쁘게 따라 써 보세요.

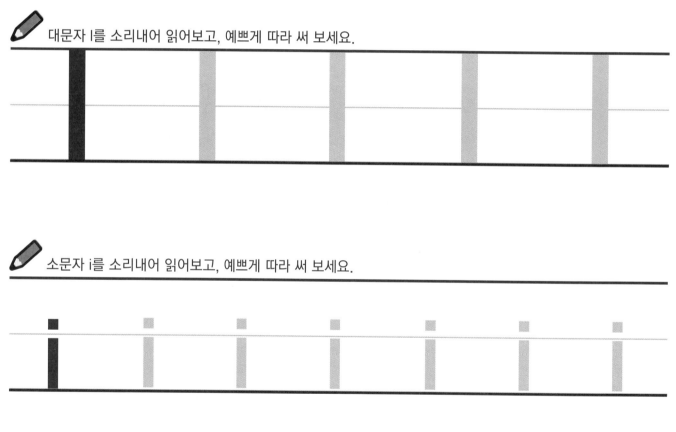

소문자 i를 소리내어 읽어보고, 예쁘게 따라 써 보세요.

I를 자유롭게 연습해 보세요.

I 가 들어가는 단어를 써 보세요.

I가 들어가는 단어는 무엇이 있는지 그림을 보고, 단어를 따라 써 보세요.

I · i

igloo | 이글루

단어를 크게 읽으며 연습해 보고, 예쁘게 쓰는 연습을 해 보세요.

igloo

ink | 잉크

단어를 크게 읽으며 연습해 보고, 예쁘게 쓰는 연습을 해 보세요.

ink

ice-cream | 아이스크림

단어를 크게 읽으며 연습해 보고, 예쁘게 쓰는 연습을 해 보세요.

ice-cream

J를 연습해 보세요.

J를 소리내어 읽어보고, 예쁘게 따라 써 보세요.
그림자로 가려진 부분에 단어 그림 스티커도 붙여 보세요.

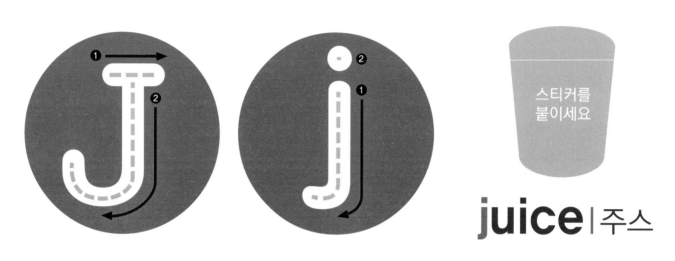

스티커를 붙이세요

juice | 주스

✏️ 대문자 J를 소리내어 읽어보고, 예쁘게 따라 써 보세요.

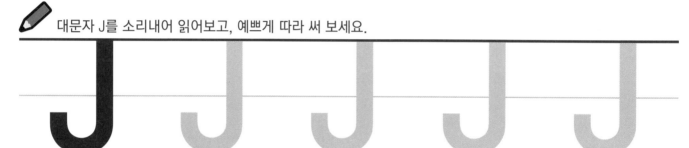

✏️ 소문자 j를 소리내어 읽어보고, 예쁘게 따라 써 보세요.

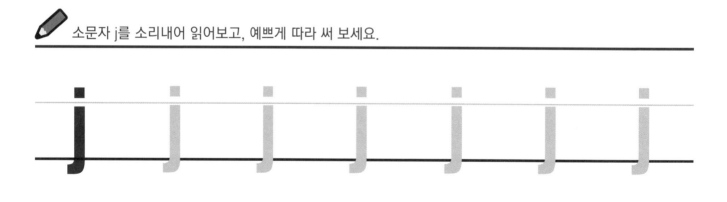

✏️ J를 자유롭게 연습해 보세요.

J가 들어가는 단어를 써 보세요.

J가 들어가는 단어는 무엇이 있는지 그림을 보고, 단어를 따라 써 보세요.

juice | 주스

 단어를 크게 읽으며 연습해 보고, 예쁘게 쓰는 연습을 해 보세요.

jelly | 젤리

 단어를 크게 읽으며 연습해 보고, 예쁘게 쓰는 연습을 해 보세요.

jelly

jewelry | 보석

 단어를 크게 읽으며 연습해 보고, 예쁘게 쓰는 연습을 해 보세요.

K를 연습해 보세요.

K를 소리내어 읽어보고, 예쁘게 따라 써 보세요.
그림자로 가려진 부분에 단어 그림 스티커도 붙여 보세요.

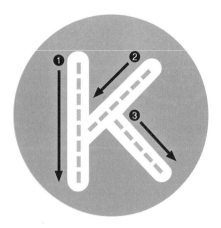
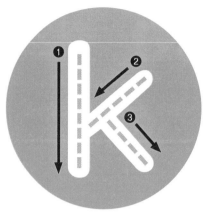

스티커를
붙이세요

kiwi | 키위

 대문자 K를 소리내어 읽어보고, 예쁘게 따라 써 보세요.

 소문자 k를 소리내어 읽어보고, 예쁘게 따라 써 보세요.

 K를 자유롭게 연습해 보세요.

22

K가 들어가는 단어를 써 보세요.

K가 들어가는 단어는 무엇이 있는지 그림을 보고, 단어를 따라 써 보세요.

kiwi | 키위

 단어를 크게 읽으며 연습해 보고, 예쁘게 쓰는 연습을 해 보세요.

kiwi

knife | 칼

 단어를 크게 읽으며 연습해 보고, 예쁘게 쓰는 연습을 해 보세요.

knife

key | 열쇠

 단어를 크게 읽으며 연습해 보고, 예쁘게 쓰는 연습을 해 보세요.

key

L 을 연습해 보세요.

L을 소리내어 읽어보고, 예쁘게 따라 써 보세요.
그림자로 가려진 부분에 단어 그림 스티커도 붙여 보세요.

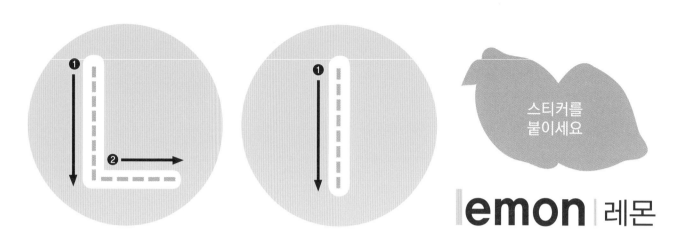

스티커를
붙이세요

lemon | 레몬

 대문자 L을 소리내어 읽어보고, 예쁘게 따라 써 보세요.

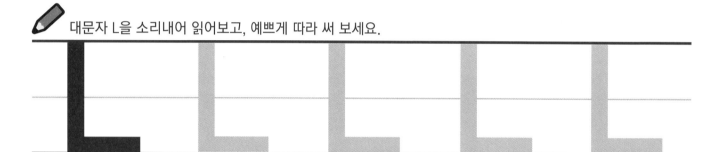

 소문자 l을 소리내어 읽어보고, 예쁘게 따라 써 보세요.

 L을 자유롭게 연습해 보세요.

L이 들어가는 단어는 무엇이 있는지 그림을 보고, 단어를 따라 써 보세요.

lemon | 레몬

 단어를 크게 읽으며 연습해 보고, 예쁘게 쓰는 연습을 해 보세요.

lemon

leaf | 잎

 단어를 크게 읽으며 연습해 보고, 예쁘게 쓰는 연습을 해 보세요.

leaf

lion | 사자

 단어를 크게 읽으며 연습해 보고, 예쁘게 쓰는 연습을 해 보세요.

lion

M·m

M을 연습해 보세요.

M을 소리내어 읽어보고, 예쁘게 따라 써 보세요.
그림자로 가려진 부분에 단어 그림 스티커도 붙여 보세요.

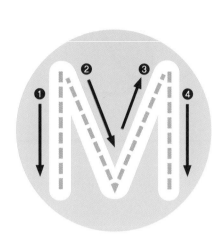 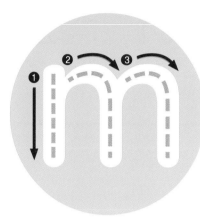 

스티커를
붙이세요

melon | 멜론

 대문자 M을 소리내어 읽어보고, 예쁘게 따라 써 보세요.

M M M M M M

 소문자 m을 소리내어 읽어보고, 예쁘게 따라 써 보세요.

m m m m m m m

 M을 자유롭게 연습해 보세요.

26

M·m

M이 들어가는 단어를 써 보세요.

M이 들어가는 단어는 무엇이 있는지 그림을 보고, 단어를 따라 써 보세요.

melon | 멜론

 단어를 크게 읽으며 연습해 보고, 예쁘게 쓰는 연습을 해 보세요.

melon

milk | 우유

 단어를 크게 읽으며 연습해 보고, 예쁘게 쓰는 연습을 해 보세요.

milk

mouse | 쥐

 단어를 크게 읽으며 연습해 보고, 예쁘게 쓰는 연습을 해 보세요.

mouse

N을 연습해 보세요.

N을 소리내어 읽어보고, 예쁘게 따라 써 보세요.
그림자로 가려진 부분에 단어 그림 스티커도 붙여 보세요.

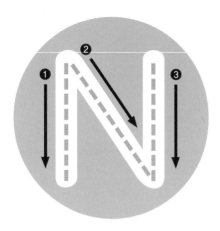
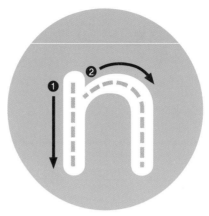

스티커를
붙이세요

note | 공책

 대문자 N을 소리내어 읽어보고, 예쁘게 따라 써 보세요.

 소문자 n을 소리내어 읽어보고, 예쁘게 따라 써 보세요.

n n n n n n n

 N을 자유롭게 연습해 보세요.

N이 들어가는 단어를 써 보세요.

N이 들어가는 단어는 무엇이 있는지 그림을 보고, 단어를 따라 써 보세요.

note | 공책

 단어를 크게 읽으며 연습해 보고, 예쁘게 쓰는 연습을 해 보세요.

note

necklace | 목걸이

 단어를 크게 읽으며 연습해 보고, 예쁘게 쓰는 연습을 해 보세요.

necklace

necktie | 넥타이

 단어를 크게 읽으며 연습해 보고, 예쁘게 쓰는 연습을 해 보세요.

necktie

O를 연습해 보세요.

O를 소리내어 읽어보고, 예쁘게 따라 써 보세요.
그림자로 가려진 부분에 단어 그림 스티커도 붙여 보세요.

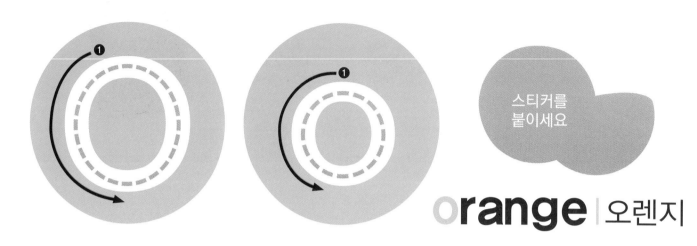

스티커를
붙이세요

orange | 오렌지

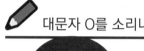 대문자 O를 소리내어 읽어보고, 예쁘게 따라 써 보세요.

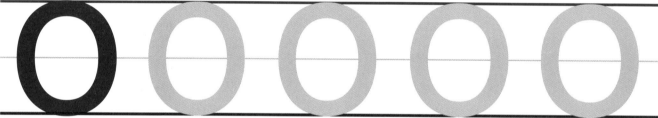

 소문자 o를 소리내어 읽어보고, 예쁘게 따라 써 보세요.

 O를 자유롭게 연습해 보세요.

O o

O가 들어가는 단어는 무엇이 있는지 그림을 보고, 단어를 따라 써 보세요.

orange | 오렌지

 단어를 크게 읽으며 연습해 보고, 예쁘게 쓰는 연습을 해 보세요.

orange

onion | 양파

단어를 크게 읽으며 연습해 보고, 예쁘게 쓰는 연습을 해 보세요.

onion

owl | 부엉이

단어를 크게 읽으며 연습해 보고, 예쁘게 쓰는 연습을 해 보세요.

P를 연습해 보세요.

P를 소리내어 읽어보고, 예쁘게 따라 써 보세요.
그림자로 가려진 부분에 단어 그림 스티커도 붙여 보세요.

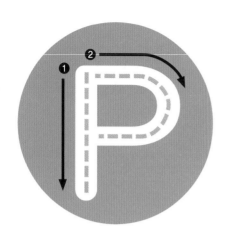
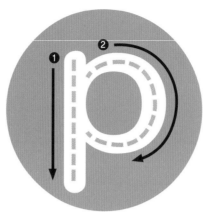

스티커를
붙이세요

pants | 바지

 대문자 P를 소리내어 읽어보고, 예쁘게 따라 써 보세요.

P P P P P

 소문자 p를 소리내어 읽어보고, 예쁘게 따라 써 보세요.

p p p p p p p

 P를 자유롭게 연습해 보세요.

P 가 들어가는 단어를 써 보세요.

P가 들어가는 단어는 무엇이 있는지 그림을 보고, 단어를 따라 써 보세요.

pants | 바지

 단어를 크게 읽으며 연습해 보고, 예쁘게 쓰는 연습을 해 보세요.

pants

pig | 돼지

 단어를 크게 읽으며 연습해 보고, 예쁘게 쓰는 연습을 해 보세요.

pig

pineapple | 파인애플

 단어를 크게 읽으며 연습해 보고, 예쁘게 쓰는 연습을 해 보세요.

pineapple

Q를 연습해 보세요.

Q를 소리내어 읽어보고, 예쁘게 따라 써 보세요.
그림자로 가려진 부분에 단어 그림 스티커도 붙여 보세요.

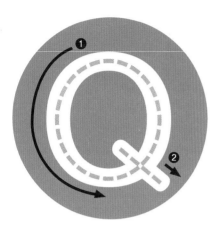
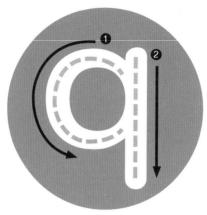

queen | 여왕

 대문자 Q를 소리내어 읽어보고, 예쁘게 따라 써 보세요.

 소문자 q를 소리내어 읽어보고, 예쁘게 따라 써 보세요.

q q q q q q q q

 Q를 자유롭게 연습해 보세요.

Q·q

Q가 들어가는 단어를 써 보세요.

Q가 들어가는 단어는 무엇이 있는지 그림을 보고, 단어를 따라 써 보세요.

queen | 여왕

 단어를 크게 읽으며 연습해 보고, 예쁘게 쓰는 연습을 해 보세요.

queen

quarter | 4분의 1

단어를 크게 읽으며 연습해 보고, 예쁘게 쓰는 연습을 해 보세요.

quarter

question | 질문

 단어를 크게 읽으며 연습해 보고, 예쁘게 쓰는 연습을 해 보세요.

question

R을 연습해 보세요.

R을 소리내어 읽어보고, 예쁘게 따라 써 보세요.
그림자로 가려진 부분에 단어 그림 스티커도 붙여 보세요.

R·r

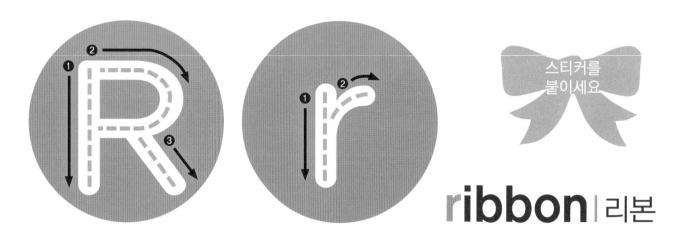

ribbon | 리본

스티커를 붙이세요

대문자 R을 소리내어 읽어보고, 예쁘게 따라 써 보세요.

R R R R R

소문자 r을 소리내어 읽어보고, 예쁘게 따라 써 보세요.

r r r r r r r

R을 자유롭게 연습해 보세요.

R이 들어가는 단어를 써 보세요.

R이 들어가는 단어는 무엇이 있는지 그림을 보고, 단어를 따라 써 보세요.

ribbon | 리본

 단어를 크게 읽으며 연습해 보고, 예쁘게 쓰는 연습을 해 보세요.

ribbon

robot | 로봇

 단어를 크게 읽으며 연습해 보고, 예쁘게 쓰는 연습을 해 보세요.

robot

rabbit | 토끼

 단어를 크게 읽으며 연습해 보고, 예쁘게 쓰는 연습을 해 보세요.

rabbit

S를 연습해 보세요.

S를 소리내어 읽어보고, 예쁘게 따라 써 보세요.
그림자로 가려진 부분에 단어 그림 스티커도 붙여 보세요.

스티커를
붙이세요

shoes | 신발

 대문자 S를 소리내어 읽어보고, 예쁘게 따라 써 보세요.

S S S S S

 소문자 s를 소리내어 읽어보고, 예쁘게 따라 써 보세요.

S S S S S S S

 S를 자유롭게 연습해 보세요.

S가 들어가는 단어를 써 보세요.

S가 들어가는 단어는 무엇이 있는지 그림을 보고, 단어를 따라 써 보세요.

shoes | 신발

 단어를 크게 읽으며 연습해 보고, 예쁘게 쓰는 연습을 해 보세요.

shoes

scissors | 가위

 단어를 크게 읽으며 연습해 보고, 예쁘게 쓰는 연습을 해 보세요.

scissors

square | 네모

 단어를 크게 읽으며 연습해 보고, 예쁘게 쓰는 연습을 해 보세요.

square

T를 연습해 보세요.

T를 소리내어 읽어보고, 예쁘게 따라 써 보세요.
그림자로 가려진 부분에 단어 그림 스티커도 붙여 보세요.

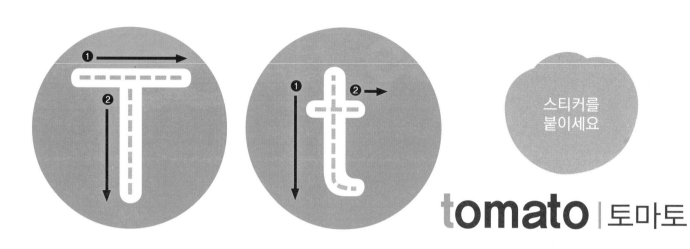

스티커를
붙이세요

tomato | 토마토

 대문자 T를 소리내어 읽어보고, 예쁘게 따라 써 보세요.

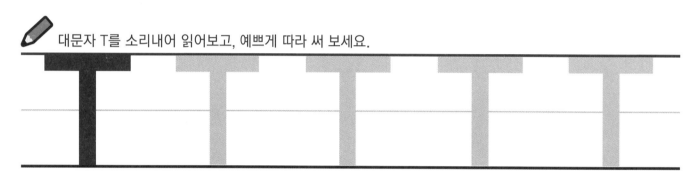

 소문자 t를 소리내어 읽어보고, 예쁘게 따라 써 보세요.

 T를 자유롭게 연습해 보세요.

T 가 들어가는 단어를 써 보세요.

T가 들어가는 단어는 무엇이 있는지 그림을 보고, 단어를 따라 써 보세요.

tomato | 토마토

 단어를 크게 읽으며 연습해 보고, 예쁘게 쓰는 연습을 해 보세요.

tomato

tree | 나무

 단어를 크게 읽으며 연습해 보고, 예쁘게 쓰는 연습을 해 보세요.

tree

train | 기차

 단어를 크게 읽으며 연습해 보고, 예쁘게 쓰는 연습을 해 보세요.

train

U·u

U를 연습해 보세요.

U를 소리내어 읽어보고, 예쁘게 따라 써 보세요.
그림자로 가려진 부분에 단어 그림 스티커도 붙여 보세요.

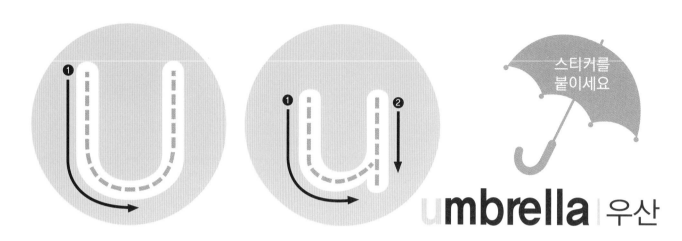

스티커를
붙이세요

umbrella | 우산

 대문자 U를 소리내어 읽어보고, 예쁘게 따라 써 보세요.

U U U U U U

 소문자 u를 소리내어 읽어보고, 예쁘게 따라 써 보세요.

u u u u u u u u

 U를 자유롭게 연습해 보세요.

U가 들어가는 단어를 써 보세요.

U가 들어가는 단어는 무엇이 있는지 그림을 보고, 단어를 따라 써 보세요.

umbrella | 우산

 단어를 크게 읽으며 연습해 보고, 예쁘게 쓰는 연습을 해 보세요.

umbrella

up | 위 ⬆

 단어를 크게 읽으며 연습해 보고, 예쁘게 쓰는 연습을 해 보세요.

up

underpants | 팬티

 단어를 크게 읽으며 연습해 보고, 예쁘게 쓰는 연습을 해 보세요.

underpants

V를 연습해 보세요.

V를 소리내어 읽어보고, 예쁘게 따라 써 보세요.
그림자로 가려진 부분에 단어 그림 스티커도 붙여 보세요.

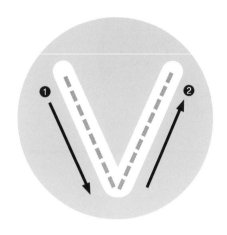

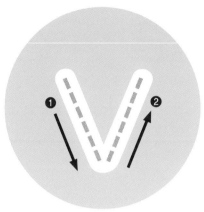

스티커를
붙이세요

vest | 조끼

 대문자 V를 소리내어 읽어보고, 예쁘게 따라 써 보세요.

 소문자 v를 소리내어 읽어보고, 예쁘게 따라 써 보세요.

 V를 자유롭게 연습해 보세요.

44

V·v

V가 들어가는 단어는 무엇이 있는지 그림을 보고, 단어를 따라 써 보세요.

vest | 조끼

 단어를 크게 읽으며 연습해 보고, 예쁘게 쓰는 연습을 해 보세요.

vest

vase | 꽃병

 단어를 크게 읽으며 연습해 보고, 예쁘게 쓰는 연습을 해 보세요.

vase

violin | 바이올린

 단어를 크게 읽으며 연습해 보고, 예쁘게 쓰는 연습을 해 보세요.

W를 연습해 보세요.

W를 소리내어 읽어보고, 예쁘게 따라 써 보세요.
그림자로 가려진 부분에 단어 그림 스티커도 붙여 보세요.

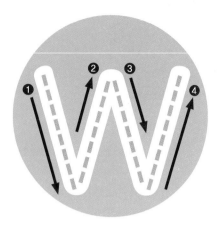 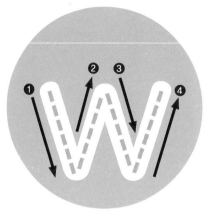 

스티커를
붙이세요

wheel | 바퀴

 대문자 W를 소리내어 읽어보고, 예쁘게 따라 써 보세요.

 소문자 w를 소리내어 읽어보고, 예쁘게 따라 써 보세요.

W W W W W W W W

 W를 자유롭게 연습해 보세요.

W가 들어가는 단어는 무엇이 있는지 그림을 보고, 단어를 따라 써 보세요.

wheel | 바퀴

 단어를 크게 읽으며 연습해 보고, 예쁘게 쓰는 연습을 해 보세요.

wheel

water | 물

 단어를 크게 읽으며 연습해 보고, 예쁘게 쓰는 연습을 해 보세요.

water

window | 창문

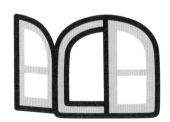

 단어를 크게 읽으며 연습해 보고, 예쁘게 쓰는 연습을 해 보세요.

window

X·x

X를 연습해 보세요.

X를 소리내어 읽어보고, 예쁘게 따라 써 보세요.
그림자로 가려진 부분에 단어 그림 스티커도 붙여 보세요.

스티커를
붙이세요

xylophone 실로폰

 대문자 X를 소리내어 읽어보고, 예쁘게 따라 써 보세요.

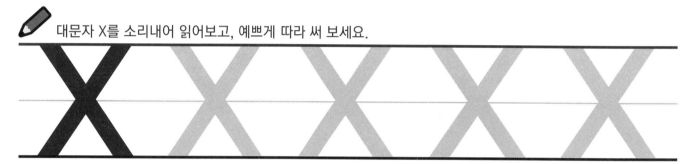

 소문자 x를 소리내어 읽어보고, 예쁘게 따라 써 보세요.

✏️ X를 자유롭게 연습해 보세요.

X·x

X가 들어가는 단어를 써 보세요.

X가 들어가는 단어는 무엇이 있는지 그림을 보고, 단어를 따라 써 보세요.

xylophone | 실로폰

단어를 크게 읽으며 연습해 보고, 예쁘게 쓰는 연습을 해 보세요.

xylophone

x-ray | 엑스레이

단어를 크게 읽으며 연습해 보고, 예쁘게 쓰는 연습을 해 보세요.

x-ray

box | 상자

단어를 크게 읽으며 연습해 보고, 예쁘게 쓰는 연습을 해 보세요.

Y를 연습해 보세요.

Y를 소리내어 읽어보고, 예쁘게 따라 써 보세요.
그림자로 가려진 부분에 단어 그림 스티커도 붙여 보세요.

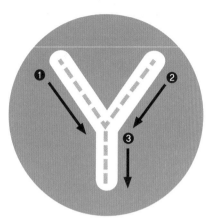
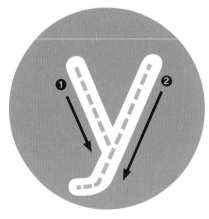

스티커를
붙이세요

yoyo | 요요

 대문자 Y를 소리내어 읽어보고, 예쁘게 따라 써 보세요.

 소문자 y를 소리내어 읽어보고, 예쁘게 따라 써 보세요.

 Y를 자유롭게 연습해 보세요.

Y·y

Y가 들어가는 단어를 써 보세요.

Y가 들어가는 단어는 무엇이 있는지 그림을 보고, 단어를 따라 써 보세요.

yoyo | 요요

 단어를 크게 읽으며 연습해 보고, 예쁘게 쓰는 연습을 해 보세요.

yoyo

yacht | 요트

 단어를 크게 읽으며 연습해 보고, 예쁘게 쓰는 연습을 해 보세요.

yacht

yogurt | 요구르트

 단어를 크게 읽으며 연습해 보고, 예쁘게 쓰는 연습을 해 보세요.

yogurt

Z를 연습해 보세요.

Z·z

Z를 소리내어 읽어보고, 예쁘게 따라 써 보세요.
그림자로 가려진 부분에 단어 그림 스티커도 붙여 보세요.

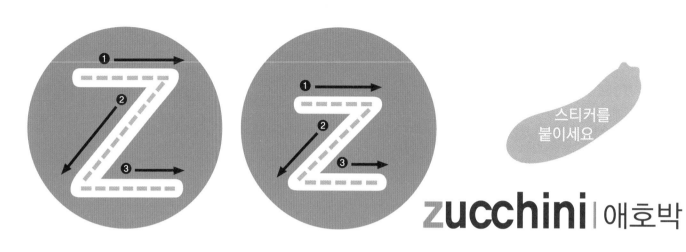

스티커를
붙이세요

zucchini | 애호박

 대문자 Z를 소리내어 읽어보고, 예쁘게 따라 써 보세요.

Z Z Z Z Z

 소문자 z를 소리내어 읽어보고, 예쁘게 따라 써 보세요.

z z z z z z z

 Z를 자유롭게 연습해 보세요.

Z 가 들어가는 단어를 써 보세요.

Z가 들어가는 단어는 무엇이 있는지 그림을 보고, 단어를 따라 써 보세요.

zucchini | 애호박

✏️ 단어를 크게 읽으며 연습해 보고, 예쁘게 쓰는 연습을 해 보세요.

zucchini

zebra | 얼룩말

✏️ 단어를 크게 읽으며 연습해 보고, 예쁘게 쓰는 연습을 해 보세요.

zebra

zero | 영

✏️ 단어를 크게 읽으며 연습해 보고, 예쁘게 쓰는 연습을 해 보세요.

zero

A~Z 복습하기

A부터 Z까지 구름에 쓰여진 알파벳을 순서대로 따라가며 읽어 보세요.

A~D 복습하기

A,B,C,D가 들어간 단어를 보고 따라 읽으며 복습하세요.
알파벳 A,B,C,D를 점선대로 따라 써 보고, 네모안에 다시 한 번 써 보세요.

apple

bear

cake

duck

E~H 복습하기

E,F,G,H가 들어간 단어를 보고 따라 읽으며 복습하세요.
알파벳 E,F,G,H를 점선대로 따라 써 보고, 네모안에 다시 한 번 써 보세요.

egg

fish

grape

heart

I ~ L 복습하기

I, J, K, L이 들어간 단어를 보고 따라 읽으며 복습하세요.
알파벳 I, J, K, L을 점선대로 따라 써 보고, 네모안에 다시 한 번 써 보세요.

igloo

juice

kiwi

lemon

M~P 복습하기

M,N,O,P가 들어간 단어를 보고 따라 읽으며 복습하세요.
알파벳 M,N,O,P를 점선대로 따라 써 보고, 네모안에 다시 한 번 써 보세요.

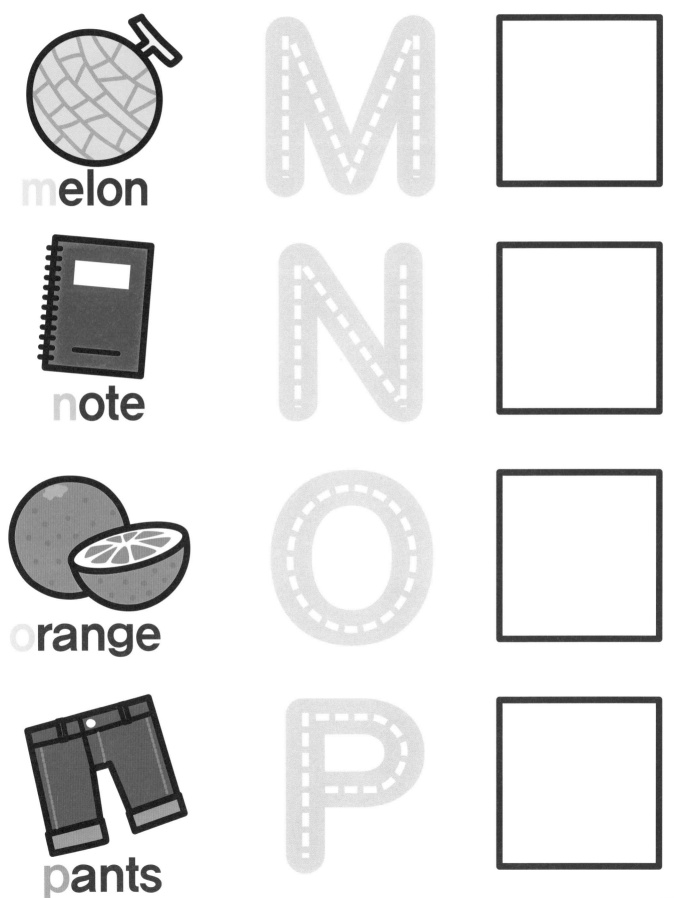

melon

note

orange

pants

Q~U 복습하기

Q,R,S,T,U가 들어간 단어를 보고 따라 읽으며 복습하세요.
알파벳 Q,R,S,T,U를 점선대로 따라 써 보고, 네모안에 다시 한 번 써 보세요.

queen

ribbon

shoes

tomato

umbrella

V~Z 복습하기

V,W,X,Y,Z가 들어간 단어를 보고 따라 읽으며 복습하세요.
알파벳 V,W,X,Y,Z를 점선대로 따라 써 보고, 네모안에 다시 한 번 써 보세요.

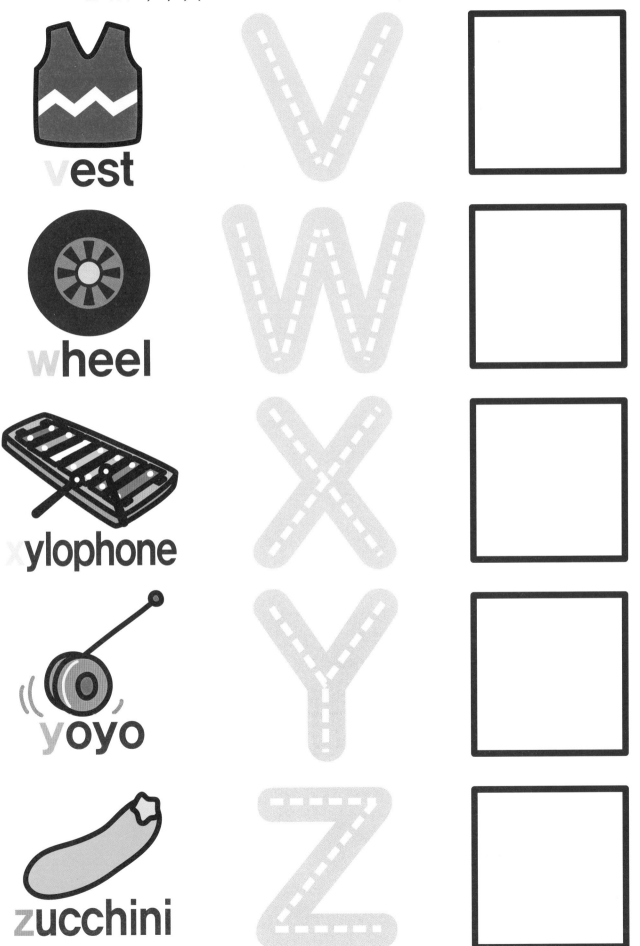

vest

wheel

xylophone

yoyo

zucchini

61

A~Z 알파벳 기차

알파벳 기차의 흰색 칸에 맞는 알파벳을 따라 쓰고 예쁘게 색칠해 보세요.

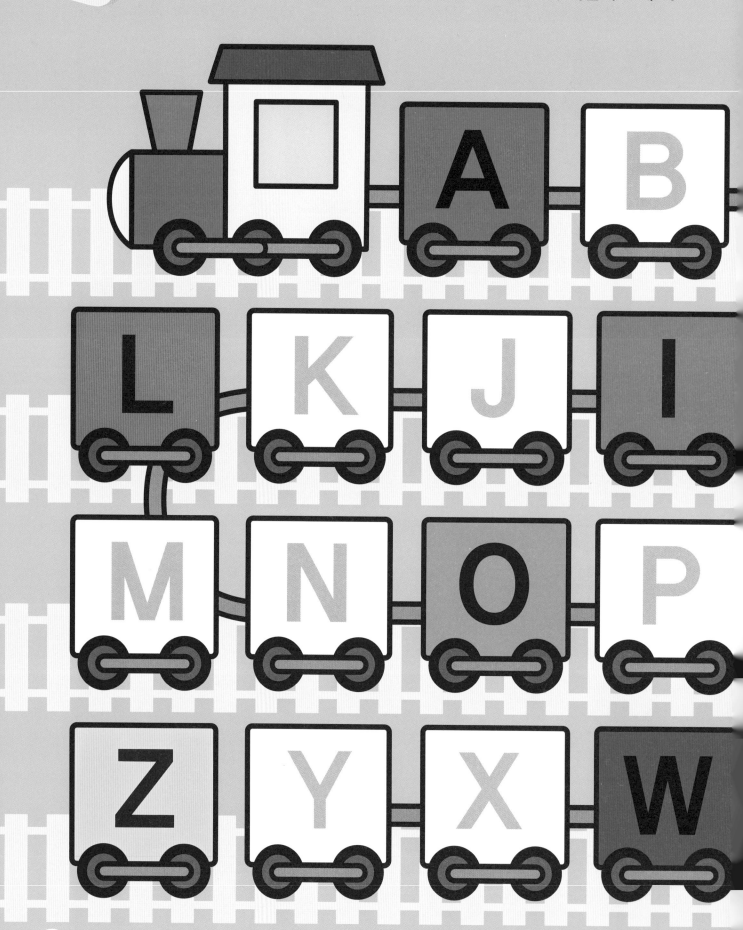

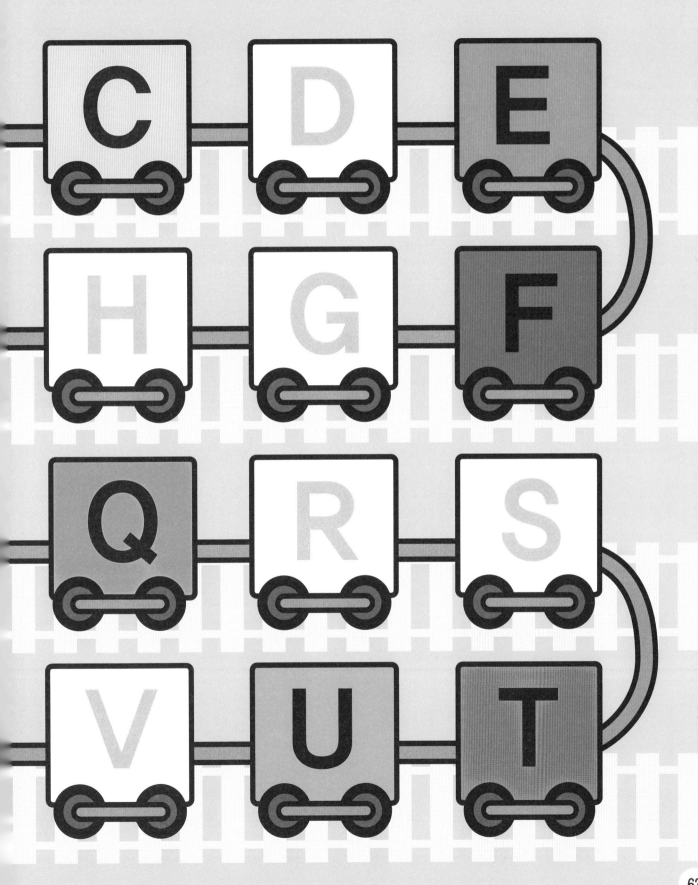

자유롭게 연습하기

자유
노트

자유롭게 알파벳 쓰기를 연습해 보세요.

•2쪽에 붙이세요

•4쪽에 붙이세요

•6쪽에 붙이세요

•8쪽에 붙이세요

•10쪽에 붙이세요

•12쪽에 붙이세요

•14쪽에 붙이세요

•16쪽에 붙이세요

•18쪽에 붙이세요

•20쪽에 붙이세요

•22쪽에 붙이세요

•24쪽에 붙이세요

•26쪽에 붙이세요

•28쪽에 붙이세요

•30쪽에 붙이세요

•32쪽에 붙이세요

•34쪽에 붙이세요

•36쪽에 붙이세요

•38쪽에 붙이세요

•40쪽에 붙이세요

•42쪽에 붙이세요

•44쪽에 붙이세요

•46쪽에 붙이세요

•48쪽에 붙이세요

•50쪽에 붙이세요

•52쪽에 붙이세요